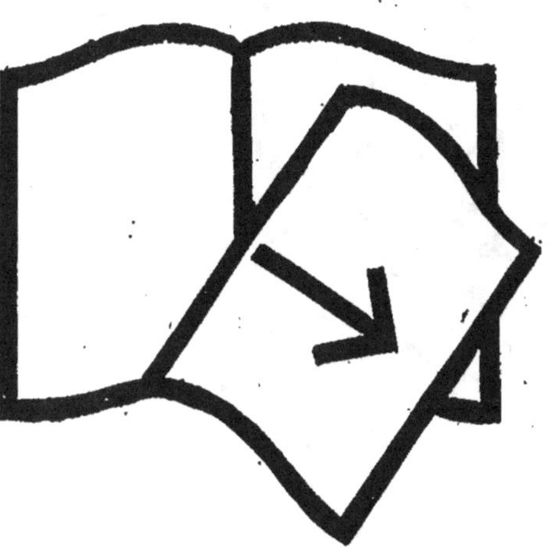

Couverture inférieure manquante

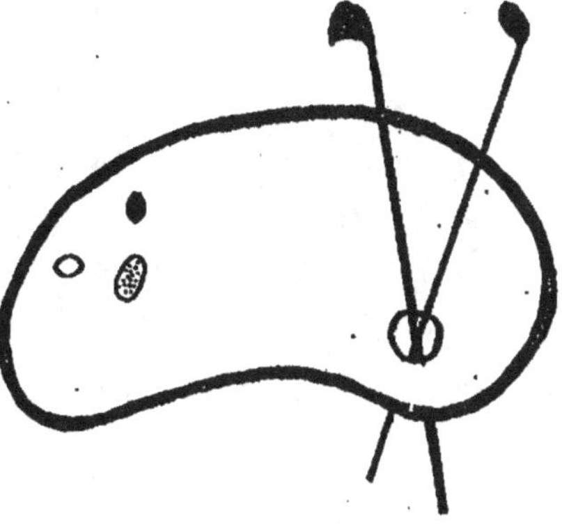

DEBUT D'UNE SERIE DE DOCUMENTS
EN COULEUR

ÉTUDE MILITAIRE
SUR L'ÉGYPTE

30 cent.
dans toutes
les librairies

35 cent.
franco
par la poste

PARIS
11, PLACE SAINT-ANDRÉ-DES-ARTS

LIMOGES
RUE MANIGNE, 13

Henri CHARLES-LAVAUZELLE, Éditeur

PETITE BIBLIOTHÈQUE
DE L'ARMÉE FRANÇAISE

OUVRAGES PARUS

Almanach de l'Armée française.

L'Armée allemande, son histoire, son organisation actuelle (3ᵉ ÉDITION).

Guide du Sous-officier et du Caporal d'infanterie sur la place d'exercice, en terrain varié et sur le champ de bataille (3ᵉ ÉDITION).

Cours de topographie, à l'usage des officiers et sous-officiers de toutes armes (armée active, réserve, armée territoriale), ouvrage rédigé conformément aux programmes officiels du 30 septembre 1874. Deux volumes.

Étude sur le tir des armes portatives en France et à l'étranger. — Méthodes d'instruction. — Pratique du tir. — Tir de guerre. — Un volume in-32 de 88 pages, orné de 43 gravures.

Les outils du pionnier d'infanterie.

Recueil complet, avec notes et commentaires, des lois, décrets, circulaires, décisions et instructions ministérielles en vigueur, établissant les droits des sous-officiers en matière de rengagement et mariage, retraite et admissions aux emplois civils.

Chants militaires.

Les cartouches et le caisson à munitions d'infanterie.

Les Travaux de campagne, guide théorique et pratique du pionnier d'infanterie, d'après les cours professés à l'École des travaux de campagne et les ouvrages les plus autorisés publiés à l'étranger; 2 volumes :

Tome 1, partie théorique, vol. in-32 de 110 pages, orné de 63 gravures.

Tome 2, partie purement pratique (EN PRÉPARATION).

Notice sur l'Armée russe : Tome Iᵉʳ. Organisation générale; le règlement d'infanterie; le service en campagne; instruction sur les travaux de campagne. — Brochure de 96 pages, ornée de figures.

Tome II. Géographie militaire de l'empire russe.

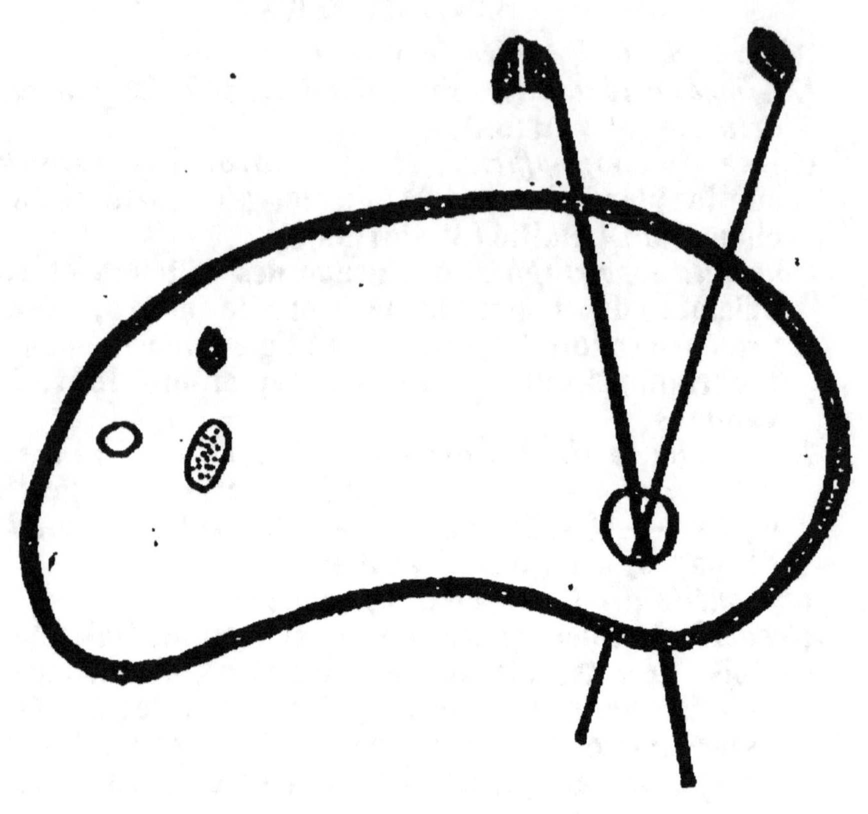

FIN D'UNE SERIE DE DOCUMENTS
EN COULEUR

ÉTUDE MILITAIRE

SUR

L'ÉGYPTE

—

CAMPAGNE DES ANGLAIS EN 1882

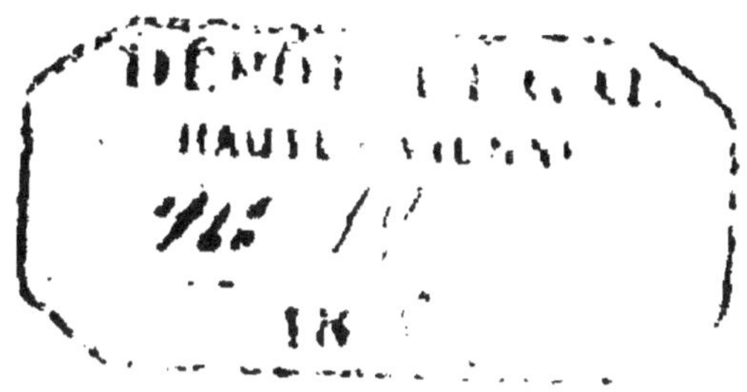

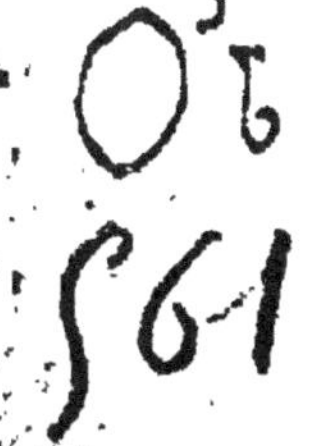

ÉTUDE MILITAIRE

SUR

L'ÉGYPTE

CAMPAGNE DES ANGLAIS EN 1882

PARIS ET LIMOGES

Henri CHARLES-LAVAUZELLE

Libraire-Éditeur.

1883.

ÉTUDE MILITAIRE

L'ÉGYPTE

CAMPAGNE DES ANGLAIS EN 1882

Importance de l'Égypte.

L'Egypte est le point de rencontre de l'Europe, de l'Asie et de l'Afrique. Le mouvement de l'Occident aboutit à Alexandrie, et celui de l'Orient à Suez. Kartoum dans le Soudan, le Caire dans la Basse-Egypte, sont le rendez-vous des caravanes de l'Afrique et de l'Asie. Cette situation avait fait la richesse de l'Egypte sous la domination romaine et même encore durant le Moyen-âge ; elle la perdit lors de la découverte de la route des Indes par le cap de Bonne-Espérance ; le canal de Suez est en train de la lui rendre. Le mouvement des ports s'est déjà doublé en 10 ans. Ainsi l'Egypte est appelée par sa situation à prospérer autant par le commerce de transit que par l'exploitation de ses propres produits.

Mais cette situation même condamne l'Egypte à voir les grandes puissances européennes et surtout l'Angleterre et la France intervenir constamment dans ses affaires.

La domination anglaise a en effet deux foyers : le royaume d'Angleterre et l'empire Hindou ; et c'est une question de vie pour les Anglais que de garder solidement en leur pouvoir tous les chemins qui, par terre ou par mer, réunissent les deux foyers de leur immense domaine. La route la plus directe est celle du canal de Suez sur laquelle ils possèdent tous les points importants : Gibraltar, Malte, Chypre et Aden. Ils sont en outre les principaux propriétaires du canal de Suez dont ils ont acheté récemment pour 4 millions d'actions.

La France a le même intérêt que l'Angleterre à s'assurer le libre passage par le canal de Suez à cause de ses possessions asiatiques.

Ajoutons enfin que ces deux puissances ont, à un autre point de vue, le devoir de ne pas laisser ce pays tomber dans l'anarchie ; tous les créanciers du gouvernement égyptien sont en effet français ou anglais, et un grand nombre de nos nationaux résident en Egypte.

Géographie de l'Égypte.

Le territoire de la Basse-Egypte est de formation

relativement récente. C'était, dans les temps recu-
lés, un vaste golfe de la Méditerranée. Le Nil,
charriant dans son cours une immense quantité
de limon, transforma peu à peu ce golfe en
un marais que la main des hommes, secondée par
la nature, parvint à dessécher.

L'Egypte est bornée au nord par la Méditerranée, à l'Est par l'isthme de Suez et la mer
Rouge, au sud par la Nubie, à l'ouest par le grand
désert de Lybie.

Hydrographie.

Mais l'Egypte, c'est le Nil. Ce fleuve est la
vie du pays. Très resserrée dans sa partie supé-
rieure et moyenne, la fertile vallée se développe
en une large plaine dans sa partie inférieure, là
où le fleuve, se partageant en deux bras principaux, forme son immense delta, limité par les
plaines nues de l'isthme de Suez et le désert
du Sahara. La longueur du delta, de la bifurcation
du fleuve à la mer, est de 170 kil. ; sa largeur,
d'Alexandrie à Peluse, est de 240 kil.

De nombreux canaux dérivés des deux branches
principales forment des deltas secondaires et ferti-
lisent la vaste plaine. Les plus importants de ces
canaux sont navigables, même pour des bateaux à
vapeur.

Le Nil présente un phénomène très remarquable : c'est son débordement annuel. Ces inondations périodiques sont dues à l'énorme quantité de pluie qui tombe en Abyssinie du mois d'avril au mois d'octobre, et qui, par mille affluents, vient grossir le Nil, de sorte que le limon fécondant que le fleuve dépose pendant l'inondation n'est autre que l'humus détaché des plateaux d'Abyssinie.

La première crue des eaux s'observe au Caire vers le mois de juillet; mais le fleuve n'atteint la moitié de sa hauteur que le 15 août. Enfin, l'inondation est complète le 20 septembre; elle reste 14 jours dans cet état pour décroître ensuite progressivement. En novembre, le Nil rentre dans son lit, puis décroît jusqu'au 20 mai de l'année suivante. Au moment de la plus grande crue, on facilite l'inondation en coupant les digues, et l'eau, se répandant dans tout le pays par des canaux, va fertiliser le sol.

En hiver, la plus belle saison de l'année, les plaines du delta se couvrent de la plus luxuriante verdure, qui tranche sur l'aridité des sables et la triste monotonie du désert. Mais, une fois la moisson terminée, le terrain, exposé à l'action d'un soleil brûlant, se fend de tous côtés et le Delta n'est plus lui-même qu'un vaste champ de poussière jusqu'au retour de l'inondation. Pendant la crue du Nil, l'Égypte inférieure semble un immense bras de mer parsemé de villages, de

villes, de temples et d'obélisques que de longues
digues mettent en communication. Ce spectacle
est unique au monde. Du côté de la mer, le Delta
se termine par des espaces sablonneux et incultes
ou des lacs marécageux.

Orographie.

De montagnes, il n'y en a pas d'autre que celles
qui enserrent étroitement la vallée du Nil, puis
s'évasent avec le Delta pour former : à l'est, le Dj.
Mokattam, près du Caire, et le pays de collines qui
s'étend entre le Caire, Tel-el-Kébir, Ismaïlia et
Suez ; — à l'ouest, les collines du désert avec leurs
gorges et leurs vallées s'inclinant vers le Delta.

Climat.

La température est très chaude en Egypte à
cause de sa situation géographique et de son peu
d'élévation au-dessus du niveau de la mer. Le
thermomètre marque 35° et même 38° au Caire
en été ; — 1° et 12° au-dessus de 0 en hiver.
La température est encore plus élevée dans la
Haute-Egypte. Les pluies sont rares, mais non
les vents qui soufflent avec une violence extrême.
Les plus redoutables sont le *khamsin* et le *simoun*
qui s'annoncent par des signes particuliers : la
pesanteur de l'air, un malaise général des hommes

et des animaux, le dessèchement de la peau, un rideau rougeâtre à l'horizon.

Agriculture et Industrie.

Dans l'antiquité, les Egyptiens avaient pour le Nil une profonde vénération. Le commencement de l'inondation était le signal d'une fête pendant laquelle on offrait au fleuve divinisé des taureaux noirs que l'on immolait et des fleurs. Maintenant encore, les Arabes et les Egyptiens appellent le Nil « le fleuve saint. »

Et en effet, sans le Nil, l'Egypte ne serait qu'un immense désert de sable.

« En Egypte, écrivait Napoléon à Sainte-Hélène, la terre produit sans engrais, sans pluie, sans charrue. L'inondation du Nil, son limon productif tient lieu de tout. » La terre produit plusieurs récoltes.

Malheureusement, l'agriculture est à l'état d'enfance ; les gouvernements qui se sont succédé se sont peu préoccupés de cette branche, la plus importante de l'activité humaine, et son état actuel donne la mesure de l'état de la civilisation de l'Egypte.

« Dans aucun pays, a dit encore Napoléon, l'administration n'a autant d'influence sur la prospérité publique : si l'administration est bonne, les canaux sont bien creusés, bien entretenus, les rè-

glements pour l'irrigation sont exécutés avec jus-
tice, l'inondation est plus étendue. Si l'administration est mauvaise, vicieuse ou faible, les canaux
sont obstrués de vase, les digues mal entrete-
nues, etc... Le gouvernement n'a aucune influence sur la pluie ou la neige qui tombe dans la
Beauce ou dans la Brie ; mais en Egypte, le gouvernement a une influence immédiate sur l'étendue de
l'inondation qui en tient lieu. C'est ce qui fait la
différence de l'Egypte administrée sous les Ptolé-
mées et de l'Egypte déjà en décadence sous les
Romains et ruinée sous les Turcs. »

L'industrie n'existe, pour ainsi dire, pas en
Egypte. D'une part, le combustible et les chutes
d'eau font complétement défaut au pays ; d'autre
part, la population, déjà naturellement portée à
l'indolence, est plongée dans la misère par des
tyrans qui la pressurent et l'écrasent, de sorte que
le peuple égyptien néglige complétement l'industrie pour se confiner dans les travaux agricoles
les plus rudimentaires.

Population.

Les 17 millions d'habitants qui peuplent l'Egypte
se composent de *Fellahs*, de *Coptes*, de *Bédouins*
et de *Turcs*.

Les *Fellahs* ou paysans agriculteurs représentent
avec les Coptes les trois quarts de la population.

Ils descendent directement et presque sans mélange de la race aborigène. Ce sont eux qui fournissent en grande partie le contingent de l'armée : ils se font remarquer par de solides qualités, car si on peut leur reprocher un peu de lenteur et même de paresse, par suite de leur antipathie pour le service militaire, ils sont sobres et infatigables à la marche et aux travaux de campagne ; ils sont en outre résignés, patients et solides quand ils sont bien commandés. Les Fellahs sont musulmans.

Les *Coptes* sont chrétiens. Séparés du reste de la population par leur religion et leurs habitudes, ils n'entrent guère dans l'armée que comme comptables. Il existe environ 150,000 Coptes.

Les *Bédouins* vivent sur les frontières de leur vie nomade, sans se mêler à la population. Ils fournissent à l'armée des auxiliaires irréguliers.

Les *Turcs* n'ont jamais été nombreux en Egypte (il y en a 10 à 12.000 environ), et ne se sont pas mêlés à la population qu'ils méprisent et dont ils sont détestés. Maîtres du pays sous Mehemet-Ali et toujours spécialement privilégiés jusqu'aux derniers événements, ils occupaient les hauts emplois de l'armée à l'exclusion des Égyptiens sur lesquels on leur prêtait une supériorité marquée. Ils sont loin cependant de l'avoir au point de vue de l'instruction, de l'intelligence et de l'activité.

L'armée comptait également, dans les hauts

grades, un certain nombre de *Circassiens*, pour lesquels les officiers indigènes n'ont jamais caché leur jalousie.

La population égyptienne compte enfin 10.000 *Européens* et 6 à 7,000 *Juifs* presque tous établis au Caire.

L'armée égyptienne. — L'origine de l'armée égyptienne actuelle peut être fixée à la même date que la conquête du pays par les sultans ottomans, c'est-à-dire vers l'an 1517 de notre ère ou 923 de l'hégire.

Jusqu'à notre siècle, on peut dire que la base de l'armée a été l'élément *mameluk*. L'apparition de Bonaparte en Egypte vint bouleverser l'état de choses existant, et la conséquence en fut l'introduction de l'élément européen et surtout français dans l'entourage du souverain et des hautes fonctions de l'administration et de l'armée, sans arriver toutefois au commandement direct de la troupe. Ce rôle semblait réservé aux Turcs et aux Circassiens, à l'exclusion des nationaux.

Les Mameluks étaient Turkomans ou Turcs d'origine et originaires d'Asie.

Lorsque les Mogols envahirent l'Asie occidentale, ils massacrèrent ou réduisirent à l'esclavage toutes les tribus qu'ils rencontrèrent, et purent ainsi approvisionner de marchandise humaine tous les marchés de l'Asie. Ces esclaves étaient forts, jeunes et bien faits ; les autres avaient été passés au fil de l'épée. Tous les princes de l'Asie et les sultans d'Egypte profitèrent de l'occasion pour se créer une milice particulière. De là l'origine des *Mameluks*.

Ces milices nombreuses, bien armées et incapables de se plier à aucune discipline, envahirent bientôt tous les services de l'Etat et fournirent enfin à leur pays adoptif deux dynasties de souverains.

Lors de la conquête de l'Egypte en l'an 1517 par le sultan Selim Ier, la région devint un pachalik de l'empire et l'armée fut réorganisée, mais l'élément mameluk y entra encore pour une large part. Selim pensait ainsi contrebalancer l'initiative de son pacha et l'empêcher de concevoir des idées d'indépendance.

En 1798, l'armée égyptienne (Mameluks et Janissaires) chercha à s'opposer aux progrès de l'armée française; mais elle fut presque entièrement détruite à la bataille des Pyramides et dans les combats qui suivirent. Bonaparte eut ensuite à lutter contre les contingents turcs.

Après le rétablissement de l'autorité du sultan, les Mameluks se reconstituèrent et continuèrent à être un élément de révolte contre le pacha. Mehemet-Ali, pacha depuis 1806, se décida à les faire tous massacrer. Le 1er mars 1811, les Mameluks, réunis dans la citadelle du Caire à l'occasion d'une fête, tombèrent sous la fusillade de soldats albanais embusqués derrière les murailles. Les absents étaient exterminés le même jour dans tout le territoire.

Mehemet-Ali, grand admirateur de Bonaparte, est le véritable créateur de l'armée égyptienne actuelle. En 1820, l'effectif de cette armée fut de 24,000 hommes. Pendant la campagne de Syrie, 1839, il s'éleva à plus de 130,000 hommes, sans compter une armée auxiliaire de 100,000 hommes. Mais en 1841, l'armée fut réduite à 18,000 hommes sur l'ordre du sultan.

Mehemet-Ali, découragé et malade, se défit du pouvoir en 1848. Il avait obtenu l'investiture à vie du pachalik d'Egypte, avec hérédité pour ses descendants. Il fut successivement remplacé par son fils *Ibrahim* et son petit-fils *Abbas* (1849). Ce dernier eut pour successeur son oncle *Saïd*, fils de Mehemet-Ali, au mois de juillet 1854.

Après Mehemet-Ali, l'armée égyptienne perdit peu à peu ses meilleures qualités sous des chefs inhabiles.

Voici cependant le portrait qu'en faisait, sous Abbas, un témoin digne de foi :

« Les soldats étaient généralement mal nourris, mal vêtus, mal payés ; mais c'étaient là, pour ainsi dire, leurs seuls défauts. Sobres, patients, disciplinés, infatigables, un peu lents, s'ils ne se faisaient remarquer par l'élan de leur bravoure, ils montraient une extrême solidité. Les sous-officiers se distinguaient peu des soldats et paraissaient avoir peu d'autorité. Les officiers subalternes remplissaient un rôle analogue à celui des sous-officiers des régiments européens ; leur tenue était pauvre. Les adjudants-majors et les officiers supérieurs auraient pu faire des capitaines en Europe, mais plutôt pour leur manière de servir que pour leur instruction. Les colonels semblaient à leur place ; ils avaient de beaux traitements, de l'autorité, l'habitude du commandement, une connaissance suffisante de l'administration ; ils étaient fiers de leur position, qu'ils la dussent à la faveur ou à leurs services. C'était parmi les colonels de l'armée que le gouvernement trouvait non seulement des généraux, mais encore presque tous les hauts fonctionnaires de l'Etat ; aussi se ménageait-il toujours la possibilité de combler les vides créés dans l'armée. Les grades civils et militaires étaient confondus, mais non assimilés, puisque tous les hommes capables sortaient de l'armée et devaient y rentrer plus tard.

» A peu d'exceptions près, les officiers et les soldats étaient mariés et pères de familles très nombreuses. Cette situation présentait moins d'inconvénients qu'on pourrait le croire et le service en souffrait peu. Quand les soldats étaient campés, le camp des femmes s'établissait à quelque distance ; quand ils étaient baraqués, un village de femmes se construisait aussi vite que le baraquement des hommes ; enfin, dans les villes, les familles occupaient les maisons les plus voisines des casernes.

» Jamais, dans le service, la conduite des soldats n'accusait la moindre préoccupation au sujet de leur famille ; le jour du départ, ils se mettaient en route sans regarder derrière eux, et toujours, dans ce cas, on voyait les femmes arriver à la destination presque en même temps que les hommes. »

Dès son avénement au trône (janvier 1863), le vice-roi *Ismaïl*, qui fut plus tard Khédive, c'est-à-dire souverain, par firman du 8 juin 1867, manifesta la volonté bien arrêtée de rentrer dans la voie tracée par son grand-père Mehemet-Ali. Il réorganisa l'armée, multiplia ses écoles, établissements, etc., et améliora l'administration du pays ; mais de graves complications financières amenèrent la fin imprévue d'un règne inauguré sous les auspices les plus encourageants. Il convient ici de mentionner que c'est sous ce règne que fut inauguré le canal de Suez.

Sous le Kédive *Tewfik*, la pénurie du Trésor entraîna successivement la réduction des effectifs, la suspension des travaux de fortification, le chômage dans les établissements militaires.

L'effectif de l'armée était descendu à 9,000 hommes, lorsque de nouveaux efforts furent faits en 1881 pour sa reconstitution.

Au commencement de 1882, cette armée comprenait :

8 régiments d'infanterie.............. 12,000 h.
3   —   de cavalerie.......... 1,500
2   —   d'artillerie de campagne. 1,200
3   —   d'artillerie de côte..... 2,600
4 pelotons de torpilleurs 300
1 compagnie du génie............. 100
                                  ———————
                                  17,700

plus 1 régiment de noirs caserné à Damiette.

Système de défense de l'Égypte.

Le système de défense de l'Égypte est très rudimentaire ; il se compose : 1° de la ligne de défense des côtes septentrionales, c'est-à-dire, des places fortes en mauvais état d'*Alexandrie*, *Rosette* et *Damiette*, et des quelques ouvrages élevés entre ces places ;

2° De la forteresse de *Saïdich* élevée à la pointe sud du Delta ;

3° De la citadelle du *Caire.*

Saïdich (en français : forteresse de Saïd, car c'est Saïd-pacha qui la fit construire), est une grande place capable d'une longue résistance, impossible à attaquer par sa situation en dehors des basses eaux et capable de servir de point de concentration à une armée défaite.

Principales causes du mouvement national en Égypte.

Nous rechercherons maintenant les causes du mouvement national, qui a déterminé l'intervention étrangère, dans la transformation de l'esprit public en Egypte.

Au contact des différentes colonies européennes dont les échanges avec la population musulmane ont toujours été plus intimes en Egypte que partout ailleurs, les idées se sont à peu près modifiées en un véritable souffle d'émancipation. Entretenu et développé par les nombreux Égyptiens rentrés dans leurs foyers après avoir terminé leur éducation en Europe, ce courant a pris la forme d'aspirations mal réglées, impatientes, et, de la population, il a très rapidement pénétré dans l'armée où le terrain était bien préparé d'avance.

Le premier acte du gouvernement fut le licenciement d'une partie considérable de l'armée. Un millier d'officiers se trouvèrent brusquement sans position; ils purent facilement représenter cette mesure comme l'exécution d'un plan systématiquement dirigé contre la puissance militaire du pays.

L'armée entière partagea cette manière de voir, et dès ce moment elle s'ingéra dans les affaires publiques. De là allait bientôt naître cette série de *pronunciamentos* qui amenèrent graduellement l'Egypte dans la situation actuelle.

Les échauffourées militaires commencèrent au Caire dès 1879.

On y voit la garnison de cette ville venir, en armes, formuler au Khédive ses exigences en matière de réorganisation politique et militaire. On doit remarquer, cependant, que toutes les classes de la population semblaient l'encourager, et que l'armée pouvait, jusqu'à un certain point, croire qu'elle remplissait un mandat national. Ajoutons enfin que, depuis deux ans qu'il était au ministère, *Riaz-pacha* abusait de son pouvoir comme aucun souverain n'eût osé le faire, ce qui pouvait expliquer l'esprit de révolte de l'armée.

Le colonel *Arabi* paraît en évidence au commencement de 1881. Les officiers du régiment du Caire avaient adressé au ministère une pétition à l'effet de signaler les abus dans la distribution des grades et de l'avancement. Cette lettre étant restée sans réponse, trois colonels, *Arabi-Bey*, *Aly-Bey* et *Abdulhal-Bey*, allèrent en présenter une autre; mais ils furent fort mal reçus et congédiés par Riaz. Il fut ensuite décidé en conseil que ces trois officiers seraient appelés au ministère, puis saisis et jetés en prison. Mais les colonels furent prévenus, et avant de se rendre à l'invitation du ministre, ils prévinrent leurs officiers de venir les chercher avec 200 hommes s'ils n'avaient pas reparu à midi.

A midi 1/4, la troupe envahissait le ministère et délivrait Arabi et ses collègues. Le Khédive fut obligé de céder devant la force et renvoya son ministre de la guerre.

Au mois de juillet, Arabi adressa au ministère une pétition à l'effet d'obtenir une constitution et la réunion de la Chambre. Sa demande étant restée sans réponse, Arabi patienta jusqu'en septembre. Alors il amena des canons devant Abdin et signifia au Khédive d'avoir à débarrasser le pays de Riaz. Ce *pronunciamento* porta au pouvoir le ministère *Chérif-pacha*.

Enfin, un autre mouvement du même genre donna naissance, au mois de janvier 1882, au ministère *Mahmoud-pacha*, ou pour parler plus exactement, au ministère *Arabi-pacha* qui en fut l'âme et le chef véritable. Ce fut l'avénement du parti militaire, et dès lors les événements se sont précipités.

Nous passerons rapidement sur les diverses crises politiques par lesquelles passa le gouvernement égyptien, et qui amenèrent successivement Arabi à se mettre à la tête du mouvement national et à se substituer complétement au Khédive, qu'il tenta même de faire déposer vers le mois de mai par le ministère, à la suite du procès des officiers circassiens.

A ce moment, la situation devint telle qu'on ne fut plus certain que les bases mêmes de l'Egypte seraient conservées, et, dès ce moment, l'Europe se montra plus favorable à la cause du Khédive qu'à celle du ministère.

C'est vers le mois de mai que la France et l'Angleterre envoyèrent leurs flottes dans les eaux égyptiennes.

Puis la crise sembla entrer dans une voie nouvelle ; mais Arabi, après un semblant de soumission, releva bientôt le drapeau de la révolte et se prépara à la lutte. Le Khédive fut son prisonnier dans Alexandrie et, pendant quelques jours, bon nombre d'Européens furent massacrés dans cette ville et les autres grands centres de l'Egypte (11 au 16 juin).

Ces tristes événements décidèrent l'Angleterre à faire un coup de vigueur, et, après une sommation demeurée sans résultat d'avoir à cesser tout préparatif de guerre à Alexandrie, la flotte de l'amiral Seymour bombarda cette place (10 juillet.) Puis les Anglais débarquèrent, occupèrent la ville en cendres et délivrèrent le Khédive.

Arabi se retira sur le camp de Kafr-Douar, à quelques kilomètres de la ville, et prépara ses moyens de résistance.

La guerre est donc commencée, et tandis que l'Angleterre prépare son corps de débarquement et que le dictateur égyptien grossit ses effectifs, examinons le théâtre des opérations futures et les conditions dans lesquelles elles peuvent avoir lieu.

Étude stratégique du Delta.

Nous remarquerons tout d'abord que le Delta est pour ainsi dire impraticable à une armée d'opérations. La première crue du Nil a lieu en juillet et l'armée risquerait d'être prise par l'inondation.

L'objectif pour les Anglais est le Caire, puisque c'est à la fois la capitale et le centre de ralliement des troupes rebelles. L'intérieur du Delta étant impraticable, il reste, pour atteindre ce point, la route d'*Alexandrie* par le désert de Lybie ou les trois voies qui partent du canal de Suez : de *Kantara*, d'*Ismaïlia* et de *Suez*.

La route du désert fut suivie en 1799 par Bonaparte, mais les conditions de la lutte sont tout à fait différentes aujourd'hui. Si, à cette époque comme maintenant, une armée européenne avait à lutter contre un climat brûlant, les difficultés d'un ravitaillement régulier, le manque de routes, etc., elle avait du moins l'immense avantage d'avoir un armement bien supérieur à celui de l'ennemi et de ne rencontrer que des troupes sans cohésion, de la cavalerie principalement ; elle n'avait pas, en un mot, à compter avec l'outillage de la science moderne, et pouvait s'avancer hardiment sans trop craindre pour des communications qu'il était toujours possible de rétablir. Aujourd'hui, malgré ses imperfections, l'armée égyptienne présente une force de résistance dont il y a lieu de tenir compte. Elle a, comme en Europe, des fusils et des canons à tir rapide et juste, et un matériel de campagne suffisant, des services organisés et des soldats sachant remuer la terre.

Or, si les Anglais sont à Alexandrie, les Egyptiens sont à Aboukir et à Kafr-Douar. Si les premiers se mettaient en route pour le Caire par le désert (et il y a 180 kil. à parcourir), ils auraient sur leur flanc gauche et bientôt sur leurs derrières le gros des forces d'Arabi, et pourraient être coupés de leur base d'opérations, situation terrible en plein désert.

Les voies d'accès du canal de Suez vers le Caire sont donc les seules acceptables, et tout est pour le mieux, puisque le canal est lui-même une base excellente de ravitaillement. Remarquons en outre que, grâce à la direction nord-sud du canal, les points de départ des colonnes anglaises sont aussi rapprochées que possible de l'objectif. Cependant, si l'armée opère sur le canal de Suez, elle est obligée d'immobiliser une partie de ses forces à Alexandrie pour garder ce point.

La défense de l'Egypte peut se faire dans de bonnes conditions, grâce aux voies ferrées du Delta qui permettent à l'armée de se transporter en peu de temps soit vers Alexandrie, soit vers le canal de Suez.

Avec des forces même inférieures à celles de

l'assaillant, un général habile pourrait, grâce aux lignes intérieures dont il dispose, inquiéter vers Alexandrie l'ennemi qui se serait basé sur le canal de Suez, et le forcer à immobiliser de ce côté une partie notable de ses forces ; puis, laissant un simple rideau de troupes vers Kafr-Douar, revenir sur le canal et combattre sans infériorité numérique l'ennemi qui a été obligé de diviser ses forces. L'histoire offre un grand nombre d'exemples qui font ressortir l'avantage de ces lignes d'opérations intérieures, surtout lorsqu'il s'agit d'armées relativement faibles de part et d'autre ; mais il faut une activité infatigable et une offensive soutenue.

Contre un ennemi basé sur le canal de Suez, les positions à occuper par l'armée de la défense sont *Salhieh*, *Tel-el-Kébir* et le *Caire* qui ferment les trois routes d'accès partant de *Kantara*, *d'Ismaïlia* et de *Suez*. De ces trois routes, la dernière, celle de Suez (120 kilomètres), doit être considérée comme impraticable pour l'invasion, en raison des difficultés de locomotion et de ravitaillement en plein désert. Le Caire n'aura donc besoin, au début, que d'une garnison restreinte. Des deux autres directions, celle de Kantara-Salhieh paraît trop indirecte ; elle obligerait l'assaillant, après avoir chassé l'ennemi de ses premières positions à Salhieh, à livrer de nouveau bataille pour s'emparer de la ligne de Tel-el-Kébir-Zagazig.

On est donc amené à considérer la route d'Ismaïlia à Tel-el-Kébir comme la seule acceptable pour l'armée d'invasion. Zagazig semble donc la position centrale à occuper par la défense, avec des troupes avancées à Tel-el-Kébir.

La voie ferrée *Salhieh-Zagazig-le Caire* (90 kilomètres) permettrait d'ailleurs de concentrer en peu de temps le gros des forces sur l'une des deux autres positions que nous avons indiquées.

Concentration des forces, — Commencement des hostilités.

Alexandrie occupée, les Anglais se hâtèrent de constituer leur corps expéditionnaire. Il fut composé, dès le début, des deux divisions commandées par les généraux Willis (7,000 hommes) et Hamley (9,000 hommes) ; mais des renforts successifs venus d'Angleterre portèrent, dans le cours des opérations, l'effectif à 25 ou 26,000 hommes. En outre, l'armée des Indes dut fournir un contingent de 10,000 hommes sous les ordres du général Macpherson. Le corps expéditionnaire anglais fut placé sous le commandement de Wolseley, le vainqueur des Achantis et des Zoulous. Mais ce général ne devait arriver à Alexandrie que vers le milieu du mois d'août, époque à laquelle le corps expéditionnaire serait au complet.

Aux forces anglaises, Arabi n'avait à opposer

que 10,000 hommes d'armée régulière ; mais, avant même l'ouverture des hostilités, il avait appelé les réserves, les nouveaux contingents et s'était assuré le concours des tribus de Bédouins. En peu de temps il put ainsi disposer de plus de 40,000 hommes. Malheureusement, ces troupes, mal encadrées, peu instruites et fort indisciplinées, n'étaient pas capables d'une grande force de résistance.

Nous avons laissé les deux camps en présence : à Alexandrie et Kafr-Douar. Les premiers jours du mois d'août ne furent marqués que par des escarmouches sans importance. La seule affaire à noter est le combat de Ramleh (5 août), où les Anglais forcèrent les Égyptiens à retirer les troupes qu'ils avaient en avant du camp fortifié de Kafr-Douar.

Mais, dès le 2 août, les Anglais occupèrent Suez. Cette nouvelle donna l'éveil à Arabi qui commença à diriger la majeure partie de ses troupes vers Zagazig et Ismaïlia.

Les Anglais changent la base de leurs opérations.

Le commandant en chef, général Wolseley, arriva le 15 août à Alexandrie, et le plan de campagne fut définitivement arrêté en conseil de guerre. Le corps expéditionnaire devait être transporté sur le canal de Suez qui constituait la nouvelle base de l'armée, et l'on devait marcher sur le Caire par la direction d'Ismaïlia-Tel-el-Kébir. La division Hamley resterait à Alexandrie pour garder la ville et tenir en échec les forces égyptiennes de Kafr-Douar. Nous n'avons pas à revenir ici sur les causes de ce changement de base qui ont été expliquées plus haut. Ce nouveau plan d'opérations fut immédiatement exécuté.

Le 19 août, la division Willis, embarquée la veille, quittait de nuit le port d'Alexandrie et était transportée vers Port-Saïd, tandis que, pour tromper l'ennemi, les journaux anglais publiaient à grand bruit la nouvelle d'une expédition sur Aboukir, par mer et par terre. Vers la même époque, les premières troupes du contingent indien atteignaient Suez.

Le dictateur égyptien eut rapidement nouvelle de ces mouvements, et, laissant environ 12,000 hommes au camp de Kafr-Douar, il concentra le gros de ses forces (25,000 hommes) vers Tel-el-Kébir et fit occuper Salhieh par 6,000 hommes. Ce détachement de Salhieh devait menacer le flanc de l'armée anglaise en marche sur Tel-el-Kébir.

La seconde quinzaine du mois d'août n'est d'abord marquée que par des reconnaissances ou combats insignifiants, tels que ceux de Néfiche ou de Chalouf. Les Egyptiens retirent les troupes avancées qu'ils avaient sur le canal, et le général anglais appelle sur la nouvelle base toutes le forces dont il peut disposer avant de prendre l'offensive, d'autant plus qu'il a pu se rendre compte, par une reconnaissance, de l'énorme quantité de terre remuée par les Egyptiens à Tel-el-Kébir.

Vers la fin du mois d'août, il ne reste plus à Alexandrie que 4,000 hommes de la division Hamley, et les corps avancés vers Tel-el-Kébir sont poussés jusqu'en avant de la position de Kassassim (à 10 kilomètres de Tel-el-Kébir.)

Bataille de Kassassim.

Le 28 août, les Egyptiens prirent l'offensive; 12,000 hommes marchèrent de Tel-el-Kébir sur Kassassim, tandis que 2,500 hommes détachés de Salhieh devaient tourner l'aile droite anglaise.

Le combat, commencé au point du jour, se tourna d'abord à l'avantage des Egyptiens qui refoulèrent sur le camp ennemi tous les postes avancés. Les Anglais mirent en ligne tout ce qu'ils avaient sous la main (8,000 hommes environ) et parvinrent à enrayer l'offensive ennemie; mais leur droite allait être tournée lorsque la cavalerie, se lançant à la charge, arrêta de ce côté le mouvement de l'ennemi. La bataille se termina par la retraite de part et d'autre, mais les Anglais abandonnèrent des positions qu'ils occupaient depuis le 6 septembre, pour se concentrer sur Kassassim.

Les pertes des Anglais s'élevaient à 200 tués ou blessés. Le chiffre des Egyptiens tués était de plus de 100; on ne connaît pas le nombre des blessés.

Ce demi-succès d'Arabi, puisqu'enfin les Anglais avaient abandonné leurs positions avancées, engagea le généralissime anglais à concentrer ses troupes à Kassassim, en ne laissant en arrière que de faibles garnisons. Dès le 11 septembre, il eut 15,000 hommes environ sur ce point, et l'offensive contre Tel-el-Kébir fut décidée.

Bataille de Tel-el-Kébir.

Les Anglais franchirent de nuit la distance qui sépare Kassassim de Tel-el-Kébir et, le 13 septembre, au point du jour, le feu était engagé avec les avant-postes égyptiens. L'attaque fut préparée par le feu de l'artillerie et de l'infanterie, puis lorsque l'ennemi parut suffisamment ébranlé derrière ses retranchements, l'infanterie se porta à l'assaut. Les Egyptiens se retirèrent en désordre vers Zagazig et le Caire, laissant plus de 2,500 hommes sur le champ de bataille. Les Anglais avaient de leur côté 200 tués.

La bataille de Tel-el-Kébir marque la fin des opérations. L'armée égyptienne se trouva telle-

ment désorganisée après cette défaite et les défec-
tions qui suivirent, qu'elle n'était plus capable
d'opposer aucune résistance.

Quelques jours après, le Caire était occupé par
l'avant-garde anglaise; Arabi et ses principaux
officiers y étaient faits prisonniers.

Du côté d'Alexandrie, les opérations avaient
été pour ainsi dire nulles; les Anglais s'étaient
contentés de couper la digue qui existe entre la
mer et le lac Mariout, afin d'inonder le territoire
de Kafr-Douar et d'isoler le camp des rebelles.
Mais cette opération n'avait pas donné les résultats
qu'on en attendait, quand arriva la nouvelle de la
prise du Caire.

La guerre a été terminée avec une rapidité qui
a surpris tout le monde. Il était à présumer
qu'Arabi saurait mieux utiliser les propriétés
défensives du Delta. Mais, nous l'avons dit, il
il aurait fallu une activité et une offensive soutenue,
et l'on doit reconnaître que le dictateur égyptien
a manqué d'audace; la seule fois qu'il s'est décidé
à prendre sérieusement l'offensive, à Kassassim, il
était déjà trop tard.

Mais d'un autre côté, il est difficile de bien juger
une situation sans en connaître parfaitement tous
les points. Il faudrait tenir compte des obstacles
sans nombre que le dictateur égyptien a dû
rencontrer pour la constitution de son armée, des
trahisons possibles dans ce milieu oriental et cor-

rompu où les pots-de-vin ont tant d'influence, enfin de la mauvaise qualité des éléments dont il disposait, et peut-être pourrait-on découvrir la véritable cause du peu de durée de la résistance aux Anglais.

Limoges. — Impr. Henri CHARLES-LAVAUZELLE.

www.ingramcontent.com/pod-product-compliance
Lightning Source LLC
LaVergne TN
LVHW050318030726
842520LV00005B/1655